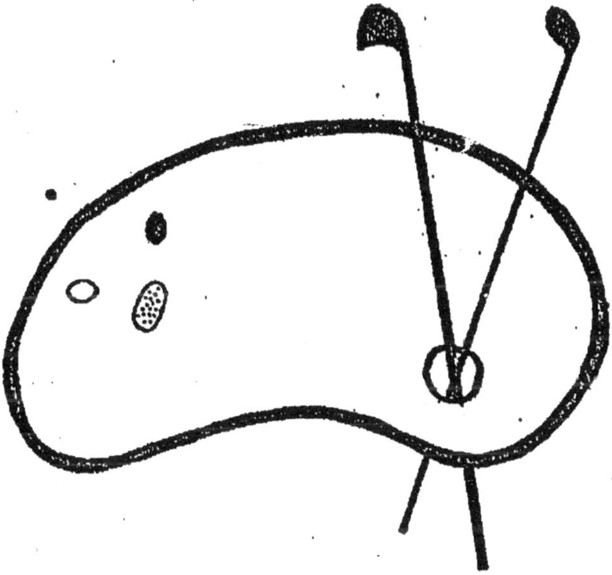

DEBUT D'UNE SERIE DE DOCUMENTS
EN COULEUR

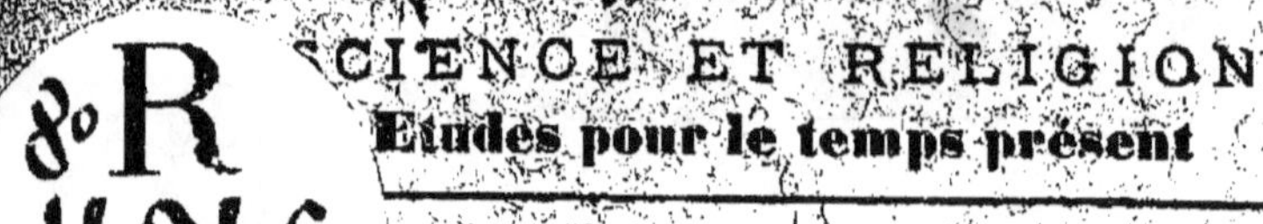

SCIENCE ET RELIGION
Études pour le temps présent

LES
ARTICLES ORGANIQUES

ÉTUDE HISTORIQUE ET JURIDIQUE

PAR

Jules RICHE

Vicaire à la Cathédrale de Versailles

DEUXIÈME ÉDITION

PARIS
LIBRAIRIE BLOUD & Cie
4, RUE MADAME ET RUE DE RENNES, 59

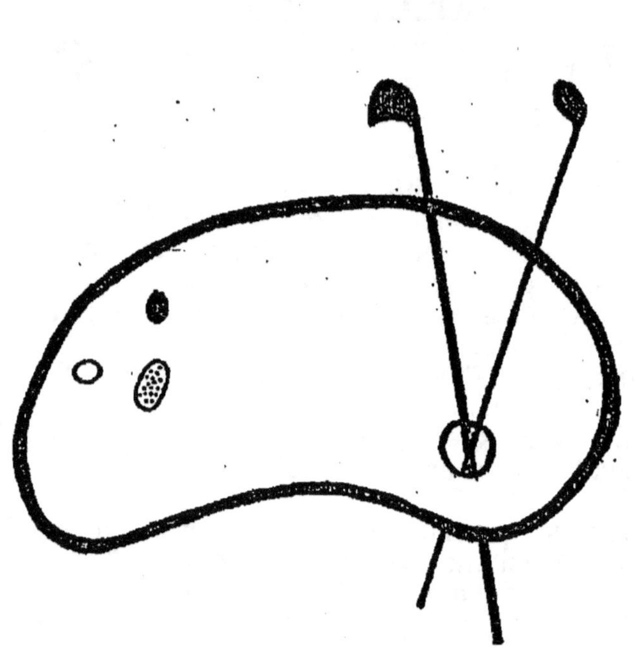

FIN D'UNE SERIE DE DOCUMENTS
EN COULEUR

SCIENCE ET RELIGION
Études pour le temps présent

LES
ARTICLES ORGANIQUES

ÉTUDE HISTORIQUE ET JURIDIQUE

PAR

Jules RICHÉ
Vicaire à la Cathédrale de Versailles

PARIS
LIBRAIRIE BLOUD & Cie
4, RUE MADAME ET RUE DE RENNES, 59

ARTICLES ORGANIQUES
ÉTUDE HISTORIQUE ET JURIDIQUE

CHAPITRE PREMIER

HISTORIQUE

On sait quelles longues et pénibles discussions a suscitées la rédaction du premier article du Concordat : *La Religion catholique apostolique et romaine sera librement exercée en France. Son culte sera public, en se conformant aux règlements de police, que le gouvernement jugera nécessaires pour la tranquillité publique.*

Le premier Consul, dont le truchement était alors le trop habile abbé Bernier, tenait absolument à ce que cet article fut moins explicite : *son culte sera public, en se conformant aux règlements de police que le Gouvernement jugera nécessaires.*

Grâce à l'intelligente énergie du cardinal Consalvi, on finit pourtant par admettre une restriction à la formule du premier Consul, avec l'adjonction de ces mots : *pour la tranquillité publique.*

Ainsi se trouvait justement limité le champ d'action de la *police* et partant l'ingérence du gouvernement dans l'exercice libre du culte.

Il semblait donc, comme le fait judicieusement remarquer M. Crouzil (1), que la religion catholique, apostolique et romaine devait être librement exercée en France. « L'Eglise devait être libre dans son organisation, libre dans sa prédication et dans son enseignement, libre dans sa discipline, dans ses ministres, dans le droit d'acquérir les biens nécessaires à l'accomplissement de sa mission. »

C'était bien d'ailleurs l'intention du premier Consul si l'on en croit ses déclarations officielles et ses promesses expresses.

Bien mieux, au dire de Bernier, le premier Consul ne parlait de règlements de police que pour mieux faire réussir les négociations du Concordat.

« Ce n'est pas à la suite d'une terrible révolution que l'on peut calmer tout, pour les hommes, dans le même instant et relativement à tous les pays.

Il faut que les moyens que l'on prend pour y parvenir soient réglés d'après l'état actuel des choses, sans prétendre faire des mesures édictées pour le moment, une obligation pour l'avenir.

(1) *Le Concordat de 1801*, étude historique et juridique par l'abbé Lucien Crouzil. Bloud (collection science et religion).

A mesure que la religion reprendra son empire en épurant les mœurs, le gouvernement qui la protège ne lui offrira plus le lien cruel des circonstances, mais l'amour et la liberté qu'il garantit à tous ; en un mot, il veut pouvoir faire, sans contradiction, ce que les circonstances nécessitent, mais il déclare qu'il ne se servira jamais de ces mêmes circonstances pour imposer à l'Eglise un nouveau joug et s'attribuer un nouveau droit lorsqu'elles seront sagement écartées » (1).

Donc le premier Consul voulait sincèrement donner la liberté à l'Eglise.

Or, voici qu'aux dix-sept articles qui composent le Concordat se trouvaient joints, au moment de leur publication, soixante-dix-sept autres articles destinés à régler la police des cultes.

Sans doute il était légitime que les promesses, que s'étaient solennellement faites les deux pouvoirs civil et religieux, fussent garanties par des sanctions. Le Code civil, par exemple, serait bien vite irrespectueusement oublié et transgressé, s'il n'avait derrière lui le Code pénal qui rend la mémoire plus facile et le respect plus actif.

On comprend, dès lors, que le premier Consul, en rétablissant officiellement la religion en France, ait voulu, dans l'exercice du culte, assurer le bon ordre. C'était même d'autant plus urgent, que tous les ennemis acharnés de la religion n'étaient

(1) Cardinal MATHIEU, *Le Concordat de 1801*, p. 237, s.

pas disparus. Oh ! sans doute, les féroces conventionnels et même les pires montagnards, en s'approchant le plus près possible de Bonaparte pour profiter de sa fortune, avaient pris malgré eux quelque chose de sa sagesse. Ils finissaient même par faire semblant de goûter, eux aussi, le son des cloches, et parce que Bonaparte s'était fait religieux par politique, eux l'étaient devenus candidement par intérêt.

Mais la foule n'évolue pas aussi prestement que ses meneurs, et il y avait encore bien des pilleurs d'églises, bien des sans-culottes qu'il aurait été facile d'entraîner dans les mêmes errements que jadis.

Faire donc une loi de police destinée à protéger le culte et à faire respecter des promesses signées par le gouvernement lui-même était tout naturel.

Or les articles organiques sont-ils cela ? Pas le moins du monde. Ils sont même tout le contraire, ou mieux ils sont autre chose.

Bonaparte n'exprimait certainement pas « son idée de derrière la tête » quand il affirmait au cardinal Consalvi « qu'il ne se servirait jamais des circonstances pour imposer un nouveau joug à l'Eglise ». Et le cardinal Consalvi faisait preuve d'une perspicacité très avisée quand il se refusait à l'adjonction au premier article du concordat de ces mots gros de conséquences : *en se conformant aux règlements de police que le gouvernement jugera nécessaires pour la tranquillité publique.*

Après avoir traité d'égal à égal avec le Saint-Siège dans le Concordat, Bonaparte se fait vraiment, dans les articles organiques, le policier de l'Eglise, policier un peu lourd, qui ne respecte rien en protestant bien haut qu'il respecte tout.

Le Concordat avait été un acte bienfaisant, qui permettait à deux pouvoirs également libres de faire leur œuvre et d'atteindre leur fin.

Les articles organiques sont l'orgueilleux empiètement du pouvoir civil sur le pouvoir religieux.

C'est le gouvernement de Bonaparte contrôlant le gouvernement de Pie VII. Il nous semble utile de reproduire ici *in-extenso* le texte même de ces trop célèbres articles.

Articles organiques de la convention du 26 messidor an IX.

TITRE I

Du Régime de l'Eglise catholique dans ses rapports généraux avec les droits et la police de l'Etat.

Art. 1. — Aucune bulle, bref, rescrit, décret, mandat, provision, signature servant de provision, ni autres expéditions de la Cour de Rome, même ne concernant que les particuliers, ne pourront être reçus, publiés, imprimés ni autrement mis à exécution, sans l'autorisation du gouvernement.

Art. 2. — Aucun individu se disant nonce, légat, vicaire ou commissaire apostolique, ou se prévalant de toute autre dénomination, ne pourra, sans la même autorisation, exercer, sur le sol français ni ailleurs, aucune fonction relative aux affaires de l'Eglise gallicane.

Art. 3. — Les décrets des synodes étrangers, même ceux des conciles généraux, ne pourront être publiés en France avant que le gouvernement en ait examiné la forme, leur conformité avec les lois, droits et franchises de la République française, et tout ce qui, dans leur publication, pourrait altérer ou intéresser la tranquillité publique.

Art. 4. — Aucun concile national ou métropolitain, aucun synode diocésain, aucune assemblée délibérante, n'aura lieu sans la permission expresse du gouvernement.

Art. 5. — Toutes les fonctions ecclésiastiques seront gratuites, sauf les oblations qui seront autorisées et fixées par les règlements.

Art. 6. — Il y aura recours au Conseil d'Etat dans tous les cas d'abus de la part des supérieurs et autres personnes ecclésiastiques.

Les cas d'abus sont : l'usurpation ou l'excès de pouvoir, la contravention aux lois et règlements de la République, l'infraction des règles consacrées par les canons reçus en France, l'attentat aux libertés, franchises et coutumes de l'Eglise gallicane, et toute entreprise ou tout procédé qui, dans l'exercice du culte, peut compromettre l'honneur des citoyens, troubler arbitrairement leur conscience, dégénérer contre eux en oppression ou en injure, ou en scandale public.

Art. 7. — Il y aura pareillement recours au Conseil d'Etat, s'il est porté atteinte à l'exercice du culte et à la liberté que les lois et les règlements garantissent à ses ministres.

Art. 8. — Le recours compètera à toute personne intéressée. A défaut de plainte particulière il sera exercé d'office par le préfet.

Le fonctionnaire public, l'ecclésiastique ou la personne qui voudra exercer ce recours, adressera un mémoire détaillé au Conseiller d'Etat chargé de toutes les affaires concernant les cultes, lequel sera tenu de prendre, dans le plus court délai, tous les renseignements convenables ; et, sur son rapport, l'affaire sera suivie et définitivement terminée dans la forme administrative, ou renvoyée, selon l'exigence des cas, aux autorités compétentes.

TITRE II
Des ministres

SECTION I
Dispositions générales.

Art. 9. — Le culte catholique sera exercé sous la direction des archevêques dans leurs diocèses, et sous celle des curés dans leurs paroisses.

Art. 10. — Tout privilège portant exemption ou attribution de la juridiction épiscopale est aboli.

Art. 11. — Les archevêques et évêques pourront, avec l'autorisation du gouvernement, établir dans leurs diocèses des chapitres cathédraux et des séminaires. Tous autres établissements ecclésiastiques sont supprimés.

Art. 12. — Il sera libre aux archevêques ou évêques d'ajouter à leur nom le titre de citoyen ou de monsieur. Toutes autres qualifications sont interdites.

SECTION II

Des archevêques ou métropolitains.

Art. 13. — Les archevêques consacreront et installeront leurs suffragants. En cas d'empêchement ou de refus de leur part, ils seront suppléés par le plus ancien évêque de l'arrondissement métropolitain.

Art. 14. — Ils veilleront au maintien de la foi et de la discipline dans les diocèses dépendant de leur métropole.

Art. 15. — Ils connaîtront des réclamations et des plaintes portées contre la conduite et les décisions des évêques suffragants.

SECTION III

Des évêques, des vicaires généraux et des séminaires.

Art. 16. — On ne pourra être nommé évêque avant l'âge de trente ans et si on n'est originaire Français.

Art. 17. — Avant l'expédition de l'arrêté de nomination, celui ou ceux qui seront proposés seront tenus de rapporter une attestation de bonne vie et mœurs, expédiée par l'évêque dans le diocèse duquel ils auront exercé les fonctions du ministère ecclésiastique, et ils seront examinés sur leur doctrine par un évêque et deux prêtres, qui seront commis par le premier Consul, lesquels adresseront le résultat de leur examen au conseiller d'Etat chargé de toutes les affaires concernant les cultes.

Art. 18. — Le prêtre nommé par le premier Consul fera les diligences pour rapporter l'institution du Pape. Il ne pourra exercer aucune fonction avant que la bulle portant son institution ait reçu l'attache du gouvernement et qu'il ait prêté en personne le serment prescrit par la convention passée entre le gouvernement français et le Saint-Siège.

Ce serment sera prêté au premier Consul ; il en sera dressé procès-verbal par le secrétaire d'Etat.

Art. 19. — Les Evêques nommeront et institueront les curés ; néanmoins, ils ne manifesteront leur nomination et ils ne donneront l'institution canonique qu'après que cette nomination aura été agréée par le premier Consul.

Art. 20. — Ils seront tenus de résider dans leurs diocèses ; ils ne pourront en sortir qu'avec la permission du premier Consul.

Art. 21. — Chaque évêque pourra nommer deux vicaires généraux, et chaque archevêque pourra en nommer trois ; ils les choisiront parmi les prêtres ayant les qualités requises pour être évêques.

Art. 22. — Ils visiteront annuellement et en personne une partie de leur diocèse, et, dans l'espace de cinq ans, le diocèse entier.

En cas d'empêchement la visite sera faite par un vicaire général.

Art. 23. — Les évêques seront chargés de l'organisation de leurs séminaires, et les règlements de cette organisation seront soumis à l'approbation du premier Consul.

Art. 24. — Ceux qui seront choisis pour l'enseignement dans les séminaires souscriront la déclaration faite par le clergé de France en 1862, et publiée par un édit de la même année ; ils se soumettront à y enseigner la doctrine qui y est contenue, et les évêques adresseront une expédition en forme de cette soumission au conseiller d'Etat chargé de toutes les affaires concernant les cultes,

Art. 25. — Les évêques enverront toutes les années, à ce conseiller d'Etat, le nom des personnes qui étudieront dans les séminaires et qui se destinent à l'état ecclésiastique.

Art. 26. — Ils ne pourront ordonner aucun ecclésiastique s'il ne justifie d'une propriété produisant au moins un revenu annuel de trois cents francs, s'il n'a atteint l'âge de vingt-cinq ans et s'il ne réunit les qualités requises par les canons reçus en France.

Les Évêques ne feront aucune ordination avant que le nombre des personnes à ordonner ait été soumis au gouvernement et par lui agréé.

SECTION IV

Des Curés.

Art. 27. — Les curés ne pourront entrer en fonction qu'après avoir prêté entre les mains du préfet le serment prescrit par la convention passée entre le gouvernement et le Saint-Siège. Il sera dressé procès-verbal de cette prestation par le secrétaire général de la préfecture et copie collationnée leur en sera délivrée.

Art. 28. — Ils seront mis en possession par le curé ou le prêtre que l'évêque désignera.

Art. 29. — Ils seront tenus de résider dans leurs paroisses.

Art. 30. — Les curés seront immédiatement

soumis aux évêques dans l'exercice de leurs fonctions.

Art. 31. — Les vicaires et desservants exerceront leur ministère sous la surveillance et la direction des curés.

Ils seront approuvés par l'évêque et révocables par lui.

Art. 32. — Aucun étranger ne pourra être employé dans les fonctions du ministère ecclésiastique sans la permission du gouvernement.

Art. 33. — Toute fonction est interdite à tout ecclésiastique, même français, qui n'appartient à aucun diocèse.

Art. 34. — Un prêtre ne pourra quitter son diocèse pour aller desservir dans un autre sans la permission de son évêque.

SECTION V

Des chapitres cathédraux et du gouvernement des diocèses pendant la vacance du Siège.

Art. 35. — Les archevêques et évêques qui voudront user de la faculté qui leur est donnée d'établir des chapitres, ne pourront le faire sans avoir rapporté l'autorisation du gouvernement, tant pour l'établissement lui-même que pour le nombre et le choix des ecclésiastiques destinés à les former.

Art. 36. — Pendant la vacance des sièges, il

sera pourvu par le métropolitain, et, à son défaut, par le plus ancien des évêques suffragants au gouvernement des diocèses. Les vicaires généraux de ces diocèses continueront leurs fonctions, même après la mort de l'évêque, jusqu'à son remplacement.

Art. 37. — Les métropolitains, les chapitres cathédraux, seront tenus, sans délai, de donner avis au gouvernement de la vacance des sièges, et des mesures qui auront été prises pour le gouvernement des diocèses vacants.

Art. 38. — Les vicaires généraux qui gouverneront pendant la vacance, ainsi que les métropolitains ou capitulaires, ne se permettront aucune innovation dans les usages et coutumes des diocèses.

TITRE III

Du Culte.

Art. 39. — Il n'y aura qu'une liturgie et un catéchisme pour toutes les Eglises de France.

Art. 40. — Aucun curé ne pourra ordonner des prières publiques, extraordinaires, dans sa paroisse, sans la permission spéciale de l'évêque.

Art. 41. — Aucune fête, à l'exception du dimanche, ne pourra être établie sans la permission du gouvernement.

Art. 42. — Les ecclésiastiques useront, dans

les cérémonies religieuses des habits et ornements convenables à leur titre ; ils ne pourront, dans aucun cas, ni sous aucun prétexte, prendre la couleur et les marques distinctives réservées aux évêques.

Art. 43. — Tous les ecclésiastiques seront habillés à la française et en noir. Les évêques pourront joindre à ce costume la croix pectorale et les bas violets.

Art. 44. — Les chapelles domestiques, les oratoires particuliers, ne pourront être établis sans une permission expresse du gouvernement, accordée sur la demande de l'évêque.

Art. 45. — Aucune cérémonie religieuse n'aura lieu hors des édifices consacrés au culte catholique dans les villes où il y a des temples destinés à d'autres cultes.

Art. 46. — Le même temple ne pourra être consacré qu'à un même culte.

Art. 47. — Il y aura dans les cathédrales et paroisses une place distinguée pour les individus catholiques qui remplissent les autorités civiles et militaires.

Art. 48. — L'évêque se concertera avec le préfet pour régler la manière d'appeler les fidèles au service divin par le son des cloches. On ne pourra les sonner pour toute autre cause, sans la permission de la police locale.

Art. 49. — Lorsque le gouvernement ordonnera des prières publiques, les évêques se concerteront avec le préfet et le commandant militaire du lieu, pour le jour, l'heure et le mode d'exécution de ces ordonnances.

Art. 50. — Les prédications solennelles appelées sermons et celles connues sous le nom de stations de l'Avent et du Carême ne seront faites que par des prêtres qui en auront obtenu une autorisation spéciale de l'évêque.

Art. 51. — Les curés, aux prônes des messes paroissiales prieront et feront prier pour la prospérité de la République française et pour les Consuls.

Art. 52. — Ils ne se permettront, dans leurs instructions, aucune inculpation directe ou indirecte, soit contre les personnes, soit contre les autres cultes autorisés dans l'Etat.

Art. 53. — Ils ne feront au prône aucune publication étrangère à l'exercice du culte, si ce n'est celles qui seront ordonnées par le gouvernement.

Art. 54. — Ils ne donneront la bénédiction nuptiale qu'à ceux qui justifieront, en bonne et due forme, avoir contracté mariage devant l'officier civil.

Art. 55. — Les registres tenus par les ministres du culte n'étant et ne pouvant être relatifs qu'à l'administration des sacrements, ne pourront, dans aucun cas, suppléer les registres ordonnés par la loi, pour constater l'état civil des Français.

Art. 56. — Dans tous les actes ecclésiastiques

2

et religieux, on sera obligé de se servir du calendrier d'équinoxe, établi par les lois de la République ; on désignera les jours par les noms qu'ils avaient dans le calendrier des solstices.

Art. 57. — Le repos des fonctionnaires sera fixé au dimanche.

TITRE IV

De la circonscription des archevêchés, des évêchés et des paroisses ; des édifices destinés au culte et du traitement des ministres.

SECTION I

De la circonscription des archevêchés et évêchés.

Art. 58. — Il y aura en France dix archevêchés ou métropoles et cinquante évêchés.

Art. 59. — La circonscription des métropoles et des diocèses sera faite conformément au tableau ci-joint :

SECTION II

De la Circonscription des paroisses.

Art. 60. — Il y aura au moins une paroisse par justice de paix.

Il sera, en outre, établi autant de succursales que le besoin pourra l'exiger.

Art. 61. — Chaque évêque, de concert avec le préfet, réglera le nombre et l'étendue de ces succursales. Les plans arrêtés seront soumis au gouvernement et ne pourront être mis à exécution sans son autorisation.

Art. 62. — Aucune partie du territoire français ne pourra être érigée en cure ou en succursale sans l'autorisation expresse du gouvernement.

Art. 63. — Les prêtres desservant les succursales seront nommés par les évêques.

SECTION III

Du traitement des ministres.

Art. 64. — Le traitement des archevêques sera de 15.000 francs.

Art. 65. — Le traitement des évêques sera de 10.000 francs.

Art. 66. — Les curés seront distribués en deux classes ; le traitement des curés de la première classe sera porté à 1500 francs, celui des curés de la seconde classe à 1000 francs.

Art. 67. — Les pensions dont ils jouissent en exécution des lois de l'Assemblée constituante seront précomptées sur leur traitement. Les conseils généraux des grandes communes pourront, sur leurs biens ruraux ou sur leurs octrois, leur accorder une augmentation de traitement, si les circonstances l'exigent.

Art. 68. — Les vicaires et desservants seront choisis parmi les ecclésiastiques pensionnés, en exécution des lois de l'Assemblée constituante. Le montant de ces pensions et le produit des oblations formeront leur traitement.

Art. 69. — Les évêques rédigeront les projets de règlements relatifs aux oblations que les ministres du culte sont autorisés à recevoir pour l'administration des sacrements.

Les projets de règlements rédigés par les évêques ne pourront être publiés ni autrement mis à exécution qu'après avoir été approuvés par le gouvernement.

Art. 70. — Tout ecclésiastique, pensionnaire de l'Etat, sera privé de sa pension s'il refuse, sans cause légitime, les fonctions qui pourront lui être confiées.

Art. 71. — Les conseils généraux de département sont autorisés à procurer aux archevêques et aux évêques un logement convenable.

Art. 72. — Les presbytères et les jardins attenants, non aliénés, seront rendus aux curés et aux desservants des succursales.

A défaut de ces presbytères, les conseils généraux des communes sont autorisés à leur procurer un logement et un jardin.

Art. 73. — Les fondations qui ont pour objet

l'entretien des ministres et l'exercice du culte, ne pourront consister qu'en rentes constituées sur l'Etat : elles seront acceptées par l'évêque diocésain et ne pourront être exécutées qu'avec l'autorisation du gouvernement.

Art. 74. — Les immeubles autres que les édifices destinés au logement et les jardins attenants, ne pourront être affectés à des titres ecclésiastiques ni possédés par les ministres du culte, à raison de leurs fonctions.

SECTION IV

Des édifices destinés au culte.

Art. 75. — Les édifices anciennement destinés au culte catholique, actuellement dans les mains de la nation, à raison d'un édifice par cure et par succursale, seront mis à la disposition des évêques, par arrêté du préfet du département.

Une expédition de ces arrêtés sera adressée au Conseiller d'Etat chargé de toutes les affaires concernant les cultes.

Art. 76. — Il sera établi des fabriques pour veiller à l'entretien et à la conservation des temples, à l'administration des aumônes.

Art. 77. — Dans les paroisses où il n'y aura point d'édifice disponible pour le culte, l'évêque se concertera avec le préfet pour la désignation d'un édifice convenable.

. . . .

Tel est, dans tout son développement, le réseau de chaînes dont le premier Consul enveloppait l'Eglise.

Moyennant cela, *la religion catholique, apostholique et romaine sera librement exercée en France.*

En vérité « les articles organiques » ne sont autre chose qu'un retour déguisé au principe schismatique de la Constitution civile du clergé d'une part, aux théories gallicanes de l'autre.

D'ailleurs, ils sont nuls de plein droit puisqu'ils n'ont aucune valeur contractuelle ni aucune valeur légale.

CHAPITRE II

QUELLE EST LA VALEUR CONTRACTUELLE DES ARTICLES ORGANIQUES? (1)

Telle est la première question à laquelle il importe de répondre. Les articles organiques font-ils partie intégrante du Concordat passé entre les deux puissances civile et religieuse? Ont-ils reçu la signature des deux contractants? Ont-ils le caractère et jouissent-ils du bénéfice des contrats bilatéraux, synallagmatiques?

D'un côté, à Paris, on l'a toujours affirmé.

De l'autre à Rome on n'a cessé de le nier. Déjà le 17 germinal an X, le tribun Siméon, présentant le Concordat au vote du Tribunat, fait des 17 articles de la convention et des 77 articles organiques, ce qu'il appelle *un tout indivisible*.

---

(1) Voir le remarquable ouvrage do l'abbé HÉBRARD, *Les articles organiques devant l'histoire; le droit et la discipline de l'Eglise.* in-8. Lecoffre.

« Les articles organiques, dit-il, accompagnent et complètent le Concordat (1). »

Lucien Bonaparte chargé, conjointement avec Siméon et Jaucourt, de porter devant le corps législatif le vœu du Tribunat, fut plus explicite encore.

Sans distinguer le moins du monde, il fit l'apologie des articles organiques en les désignant du non de Concordat (2).

Portalis lui-même, plaidant d'ailleurs très éloquemment devant le corps législatif en faveur de la religion catholique, disait : « Le gouvernement français a fixé avec le Pape le régime sous lequel les catholiques continueront à pratiquer leur culte en France. Tel est l'objet de la Convention passée entre le gouvernement et Pie VII » et afin d'être tout à fait clair, Portalis avançait cette affirmation qui surprend dans sa bouche : « La convention avec la Pape et les articles organiques de cette convention participent à la nature des traités diplomatiques, c'est-à-dire d'un véritable contrat (3) ». « Par les articles organiques, ajoutait-il, on apaise tous les troubles, on termine

(1) *Moniteur* de l'an X. — Rapport fait au Tribunat par M. Siméon. Séance du 17 germinal an X.

(2) *Moniteur* de l'an X. Discours prononcé au Corps législatif dans la séance du 18 germinal au X.

(3) *Moniteur* de l'an X. — Discours sur l'organisation des cultes lu devant le Corps législatif, par le conseiller d'Etat Portalis dans la séance du 15 germinal an X.

toutes les incertitudes, on console le malheur, on comprime la malveillance, on rallie tous les cœurs, on subjugue les consciences elles-mêmes en reconciliant pour ainsi dire la révolution avec le ciel. »

On le voit donc, sans sourciller et avec une éloquence large, sereine, Portalis élève les bienfaisants articles organiques à la hauteur d'un contrat. Aussi le corps législatif, pour consacrer l'affirmation de ses orateurs, Portalis, Lucien Bonaparte et Jaucourt, rendit le décret suivant ; « La Convention passée à Paris le 26 messidor an IX entre le Pape et le gouvernement français, et dont les ratifications ont été échangées à Paris le 23 fructidor an IX, ensemble les articles organiques des cultes protestants seront promulgués et exécutés comme des lois de la République » (1).

Le premier Consul lui-même dans sa proclamation du 27 germinal présentait tout ensemble, comme une loi de la République, la convention de messidor et les articles organiques.

Tout autre pourtant était le langage qu'on tenait à Rome.

Aussitôt que les articles organiques furent connus à Rome, le Pape se montra vivement affecté de leur publication et se hâta d'en demander au

(1) *Bulletin des lois.* — Loi relative à l'organisation des cultes du 18 germinal.

gouvernement français la modification. Leur publication, faite simultanément avec celle du concordat, dans une seule et unique loi, pouvait faire croire que les dits articles avaient été concertés avec le Saint-Siège, tandis que, en réalité, ils avaient été rédigés et promulgués sans qu'ils lui eussent été communiqués et sans même qu'il en eût été informé (1).

Une première note officielle (2) de protestation fut remise par le cardinal Consalvi à M. Cacault, ministre plénipotentiaire de la France à Rome le 22 mai 1802. Après avoir annoncé que le Saint-Père chanterait à la basilique de Latran un *Te Deum* d'actions de grâces pour remercier Dieu de l'heureuse publication du Concordat, le cardinal ajoutait : « Le soussigné entend parler, et toujours par ordre de sa Sainteté, des articles organiques, qui, inconnus à sa Sainteté, ont été publiés avec les dix-sept articles du Concordat, comme s'ils en faisaient partie, ce que l'on croit, d'après la date et le mode de publication. Ces articles organiques sont représentés comme la forme et la condition du rétablissement de la religion catholique en France. Cependant plusieurs de ces articles s'étant trouvés, aux yeux du Saint-Père, en opposition avec les règles de l'Eglise, sa Sainteté ne peut

(1) Lire dans l'histoire de Pie VII, par M. Artaud de Montor, le chap. XXI du t.II.

(2) *Recueil général du droit civil ecclésiastique*, t. II, p. 172.

pas, à cause de son ministère, ne pas désirer qu'ils reçoivent les modifications convenables et les changements nécessaires ».

Pie VII protesta lui-même dans son allocution au consistoire tenu le 24 mai.

Consalvi raconte dans ses mémoires (1) comment on élabora les articles organiques dans l'année qui suivit son départ, et pour que le public crût qu'ils avaient été formulés en même temps que le Concordat, on leur attribua la date du Concordat lui-même. *Ces lois organiques*, ajoute-t-il, *détruisaient le Concordat, au moment où il voyait le jour.*

L'année suivante, une autre note officielle, plus développée et plus explicite, fut adressée le 18 août 1803 par le cardinal Caprara, légat du Saint-Siège en France à M. de Talleyrand alors ministre des relations extérieures (2) « Monseigneur, écrivait-il, je suis chargé de réclamer contre cette partie de la loi du 18 germinal que l'on a désignée sous le nom d'articles organiques. Je remplis ce devoir avec d'autant plus de confiance que je compte davantage sur la bienveillance du gouvernement et sur son attachement sincère aux vrais principes de la religion.

La qualification que l'on donne à ces articles paraîtrait d'abord supposer qu'ils ne sont que la

____

(1) *Mémoires du cardinal Consalvi*, t. I, p. 398.

(2) *Recueil général du droit civil ecclésiastique*, t. II, p. 174.

suite naturelle et l'explication du Concordat religieux.

Cependant, il est de fait qu'ils n'ont point été concertés avec le Saint-Siège, qu'ils ont une extension plus grande que le Concordat, et qu'ils établissent en France un code ecclésiastique sans le concours du Saint-Siège. Comment sa Sainteté pourrait-elle l'admettre, n'ayant pas même été invitée à l'examiner ? Ce code a pour objet la doctrine, les mœurs, la discipline du clergé, les droits et les devoirs des évêques, ceux des ministres inférieurs, leurs relations avec le Saint-Siège et le mode d'exercice de leur juridiction. Or, tout cela tient aux droits imprescriptibles de l'Eglise. Elle a reçu de Dieu seul l'autorisation de décider les questions de la doctrine sur la foi ou sur la règle des mœurs, et de faire des canons ou des règles de discipline... Sa Sainteté n'a donc pu voir qu'avec une extrême douleur, qu'en négligeant de suivre ces principes, la puissance civile ait voulu régler, décider, transformer en loi, des articles qui intéressent essentiellement les mœurs, la discipline, les droits, l'instruction et la juridiction ecclésiastiques.

N'est-il pas à craindre que cette innovation n'engendre la défiance ; qu'elle ne fasse croire que l'Eglise de France est asservie, même dans les objets purement spirituels, au pouvoir temporel. » Puis, le cardinal Caprara, étudiant un à un tous les articles, n'a pas de peine à démontrer comment ils enlèvent toute indépendance à l'Eglise.

A ces notes diplomatiques, nous pourrions ajouter encore de nombreux documents émanés du Saint-Siège et qui démontrent surabondamment que jamais la Papauté n'a accepté les articles organiques.

Il nous semble pourtant utile de citer encore un bref de sa sainteté Pie IX à Mgr l'archevêque de Nicée, nonce à Paris, en date du 18 mars 1848, bref qui peut être considéré comme une autre protestation contre les mêmes articles (1). « Les souverains Pontifes, à qui ont été divinement commis le soin et la sollicitude de toutes les Eglises, n'ont jamais négligé de se montrer, selon les besoins des temps, les constants appuis de la liberté de l'Eglise de France, et de lutter contre les efforts de ceux qui l'y menaçaient de quelque atteinte. C'est ainsi que notre prédécesseur Pie VII, d'heureuse mémoire, aussitôt que les articles organiques eurent été promulgués, les condamna vaillamment avec la liberté et le courage apostoliques dans tout ce qu'ils contenaient de contraire à la doctrine et aux lois de l'Eglise. C'est ainsi que ce même Pontife et nos autres prédécesseurs employèrent tout leur zèle et tous leurs efforts à assurer la liberté de l'Eglise et le bien spirituel de la France ».

Les protestations de Pie VII n'amenèrent aucun

(1) *Bulletin des Lois civiles ecclésiastiques*, t. XIII, p. 116

résultat, mais elles produisirent néanmoins quelque effet sur l'esprit du gouvernement ; car Portalis, qui avait été le principal rédacteur des articles organiques, crut qu'il était nécessaire d'en faire la justification par l'exposition publique des maximes et des règles qu'ils consacraient.

Il rédigea un long rapport qu'il présenta au Premier Consul, le cinquième jour complémentaire de l'an XI c'est-à-dire le 22 septembre 1803 (1).

Donc pendant qu'à Paris on s'efforçait de considérer les articles organiques comme une partie du contrat bilatéral, à Rome ils étaient énergiquement dénoncés.

D'ailleurs Mgr Bernier et Talleyrand avouaient tous les deux qu'une distinction s'imposait entre le Concordat et les articles organiques.

« Le Concordat, écrivait Bernier, est un traité, les articles organiques sont une loi d'exécution. »

Quoi qu'il en soit, il y a toujours eu contradiction formelle entre les deux pouvoirs sur la valeur contractuelle des articles organiques.

Quel est donc le mot de l'énigme et comment expliquer la conduite de Bonaparte en cette circonstance ? Nous devons trop de respect à celui qui a enrichi la France de tant de gloire pour pouvoir supposer qu'il ait délibérément menti ; nous savons d'autre part, que Pie VII, le doux

____

(1) *Bulletin des Lois civiles ecclésiastiques*, t. XIII, p. 117.

religieux d'une si scrupuleuse conscience, n'a pu renier sa parole.

Le président Bonjean (1) fit, dans un discours au Sénat, le 15 mars 1865, des observations qui nous semblent éclaircir la question.

Il fait remarquer qu'en l'an IX Bonaparte n'était — il ne faut pas l'oublier — que premier Consul. Et en ce qui concerne la négociation des traités, il était tenu par l'article 50 de la Constitution de l'an VIII, c'est-à-dire qu'il pouvait négocier un traité, mais non le conclure.

Tout traité, pour avoir une valeur légale, devait être homologué par le corps législatif. Or le Concordat était vu d'un très mauvais œil par les corps politiques qui redoutaient toujours les « fameux empiétements de la cour de Rome ».

S'il y a, en effet, certains mots qui fascinent la foule au point de la rendre capable de toutes les folies, il y a des mots aussi qui fascinent les politiciens et qui les font capables de toutes les aberrations.

Empiétements de l'Eglise en est un. Avec ce mot là, un chef de gouvernement qui ne répugne pas à se servir de tout bois pour faire long feu, se refera toujours une majorité.

C'est pour éviter « les empiétements de l'Eglise » qu'on empêche les uns d'enseigner, les autres de prier, tous de posséder. C'est pour éviter les

(1) *Moniteur* du 16 mars 1865 supplément p. 271, 3 col. Discours prononcé au Sénat le 15 mars.

empiètements de l'Eglise que religieux et religieuses, pourtant français de cœur et de sang, doivent s'exiler, que la patrie est amoindrie, *désâmée*, peut-être un jour supprimée.

Bonaparte, pour éviter un échec en présentant le Concordat au vote des corps politiques et pour rassurer leurs appréhensions, donna en somme des garanties à l'anticléricalisme.

Les articles organiques sont en réalité une ruse pour faire triompher le Concordat; ils sont une porte fermée devant les empiètements de la cour romaine.

C'est l'opinion de M. le vicomte Frédéric Portalis qui, ayant sous la main toutes les notes de son aïeul, dit en parlant de ces articles qu'ils étaient un simple *expédient* pour faire passer le tout.

En somme, et beaucoup d'autres témoignages nous permettent de conclure ainsi, la solution de l'énigme c'est que Bonaparte qui veut le Concordat de toute son indomptable volonté, mais qui tient au fond à la suprématie réelle, a trouvé un moyen de *jouer* le Pape à Rome et les corps politiques à Paris.

A Paris il déclara se prémunir contre la Cour romaine; à Rome, il voulut faire croire que les articles organiques n'étaient presque rien, une simple précaution contre les corps politiques.

Il est assez prouvé, nous semble-t-il, que malgré les affirmations du gouvernement français, les articles organiques ne sont nullement un contrat.

CHAPITRE III

QUELLE EST LA VALEUR LÉGALE
DES ARTICLES ORGANIQUES ?

Les articles organiques sont-ils une loi de
l'Eglise ? Cela étonnera peut-être certains lec-
teurs de voir poser une semblable question. Pourtant elle est nécessaire. Aussi bien, Portalis, le
rédacteur des articles organiques, l'a posée lui-
même et résolue par l'affirmative.

Pour lui, les articles organiques sont une loi de
l'Eglise et il le sait d'autant mieux qu'il en est le
père.

L'honnête Portalis s'est suggestionné lui-même
au point de croire sincèrement et d'essayer de
prouver éloquemment que les articles organiques
sont l'œuvre de l'Eglise, tout en étant la sienne.

Et, dans un rapport de plus de 100 pages (1),

(1) Défense des articles organiques et exposition des
maximes et des règles qu'ils consacrent. — Rapport pré-

qui est à la fois un chef-d'œuvre et une étrangeté, qui séduit par l'ampleur de l'érudition et déconcerte par la naïveté des conclusions, où l'on trouve à côté de démonstrations magnifiquement catholiques, des affirmations lourdement hérétiques, Portalis, à l'aide de décrets tirés des conciles de tous les siècles, de traditions habilement exploitées, de citations de saints, de paroles pontificales, finit par prouver au Premier Consul que les articles organiques ne sont que l'expression synthétisée mais juste de l'ancienne discipline.

Et s'il est possible avec une ligne de son écriture de faire légalement pendre un homme, il faut avouer que Portalis a su inconsciemment, je l'espère, tirer des décrets et canons de l'Eglise assez de chaînes pour la garroter à tout jamais. Dans ses *observations préliminaires* il déclare que « les articles organiques de la convention passée entre le gouvernement français et le pape Pie VII n'introduisent point un droit nouveau ; ils ne sont qu'une nouvelle sanction des maximes antiques de l'Eglise gallicane. Les fondements sur lesquels reposent les articles organiques sont l'indépendance des gouvernements dans le temporel, la limitation de l'autorité ecclésiastique aux choses purement spirituelles et l'obligation commune aux

senté à cet effet au gouvernement de la république le 5ᵉ jour complémentaire an IX par Portalis, conseiller d'État chargé de toutes les affaires concernant les cultes.

papes et à tous les autres pasteurs de n'exercer leur autorité ou leur ministère que d'une manière conforme aux canons reçus dans l'Eglise et consacrés par le respect du monde chrétien ».

Nous voilà tout de suite en pleine hérésie et Portalis n'hésite pas à enchaîner le Pape avec « les canons reçus dans l'Eglise et consacrés par le respect du monde chrétien ».

De plus Portalis, tout en acceptant la distinction des deux pouvoirs, déclare que la discipline est une chose extérieure et que tout ce qui est extérieur est du ressort du pouvoir civil. « Comme le fait remarquer l'abbé Hébrard dans son remarquable ouvrage, ce n'est là qu'un sophisme, l'Eglise, société spirituelle, forme néanmoins une société visible. Sa fin n'est pas dans ce monde, mais il lui faut traverser le monde pour y parvenir. Elle est le gouvernement des âmes mais des âmes en tant qu'elles sont unies à des corps. Il s'ensuit que la puissance ecclésiastique, bien qu'essentiellement spirituelle a besoin de s'exercer par des actes extérieurs.

Elle a un corps de doctrine qu'elle répand par le ministère de la parole et qu'elle défend par le même ministère ; elle a un corps de lois où se trouvent les règles de ses mœurs, de sa discipline et de ses jugements ; elle a des sacrements qui sont tous des signes sensibles et dont elle est la dispensatrice ; elle a un culte extérieur qu'il lui faut entretenir, un sacerdoce qu'elle est chargée de perpétuer.

Soustraire à la juridiction de l'Eglise toutes ces choses, sous prétexte qu'elles sont extérieures, ne serait-ce pas anéantir sa puissance (1) ? »

D'ailleurs le mieux est peut-être de réfuter Portalis par lui-même.

« Qu'avons-nous besoin, dit-il, de recourir à des témoignages, à des textes et à des doctrines positives pour appuyer des vérités évidentes par elles-mêmes ? S'il est une maxime incontestable dans le droit des nations, c'est celle que toute puissance souveraine est indépendante, qu'elle doit se suffire à elle-même et qu'elle a été pourvue de Dieu de tous les pouvoirs nécessaires à sa conservation.

Aucune puissance sur la terre n'a droit de s'ingérer dans son administration, si ce n'est par de bons offices ou suivant des traités et des conventions » (2).

Or il est indubitable que l'Eglise est une puissance souveraine et indépendante constituée par Jésus-Christ à l'état de société parfaite, elle a comme toute société un pouvoir souverain, des lois obligatoires, une magistrature pour les appliquer, une force coactive pour en assurer l'exécution. Elle peut donc se suffire à elle-même ; et jalouse de son indépendance, elle ne saurait per-

---

(1) *Les articles organiques* par l'abbé Hébrard, p. 192.
(2) Rapport de Portalis, p. 126.

mettre à l'Etat de s'immiscer dans les choses spirituelles.

Et quand bien même, de fait et pris à la lettre, les articles organiques — ce qui n'est pas — seraient extraits de canons et de lois ecclésiastiques, Portalis n'en n'aurait pas moins commis la plus lourde des erreurs.

Il a voulu appliquer à la machine concordataire les rouages de l'antique régime qui réglait les relations de l'Eglise et de l'Etat au moyen âge.

Autrefois, en effet, l'Etat était unanimement catholique. A ce titre, il devait et donnait effectivement à l'Eglise aide et protection. Ainsi les rois reprenaient assez souvent dans leurs édits la substance des réglements formulés par les Conciles et par les Papes.

Quelquefois même, l'Eglise, malgré son indépendance, implorait le secours des princes et demandait que ses décrets fussent lois d'Etat.

Aussi, il était facile à Portalis d'exhumer du formidable monceau des lois de l'Etat, des articles concernant les choses spirituelles.

Il ne s'en priva pas et on n'est pas peu étonné, en lisant le rapport du conseiller d'Etat au premier Consul, de le voir inciter Bonaparte à s'appuyer sur Clovis et Théodoric pour prouver au Pape qu'il a tort.

Au moyen âge, en effet, on vit souvent le Pontife et le Prince dépasser l'un et l'autre les limites naturelles de leur pouvoir. Dans les assemblées politiques on traitait souvent des affaires de la religion, et dans les conciles on s'occupait des affaires de l'Etat. C'est que dans toutes ces assemblées se rencontraient de nombreux évêques. Le trait distinctif du moyen âge en ceci, c'est l'union et presque le mélange des deux puissances.

Tantôt c'est le Prince qui semble gouverner l'Eglise, et tantôt c'est l'Eglise qui semble dominer l'Etat. Au fond et sauf de rares abus de la part de quelques prélats, plus zélés qu'ambitieux, il y avait moins excès de pouvoir qu'excès de confiance réciproque.

Mais si, dans cette intimité, les empiètements se pardonnent, si les droits se confondent aisément, ils ne se prescrivent cependant pas et Portalis ne le remarque pas assez quand il ressuscite des réglements d'Etat qu'avait jadis acceptés l'Eglise en des temps d'intimité qui ne sont plus. Le temps n'est plus, après la révolution, où l'union des deux puissances était si étroite et si intime.

En vertu du Concordat nouvellement signé, la religion catholique a cessé d'être la religion de l'Etat pour n'être plus que celle de la majorité des français et tout ce que l'Etat accorde désormais à l'Eglise, c'est la tolérance plutôt que la protection.

Après cela, l'Etat a-t-il quelque droit à statuer sur le régime de l'Eglise ? S'il lui plaît de formuler des réglements, ne doit-il pas obtenir l'assentiment de la puissance compétente ?

Evidemment oui, et Portalis s'abusait étrangement en croyant donner à ses pénibles exhumations de vieilles coutumes gallicanes toute la vitalité nécessaire à de véritables lois ecclésiastiques.

La vérité est donc que les lois organiques sont une habile contrefaçon et Portalis un mauvais canoniste.

* * * * * * * * * * * * * * * *

Les articles organiques sont-ils une loi de l'Etat ?

Voilà certes, une question délicate qui n'a pas laissé d'inquiéter les juristes les plus attentifs.

Ces articles ont-ils la valeur légale des autres lois ? Beaucoup pensent que non.

Le 15 mars 1865 (1) Mgr Darboy posait lui-même la question à la tribune du Sénat et la résolvait en ces termes :

« Ce décret du corps législatif (8 avril 1802) promulgue et déclare exécutoires les trois choses suivantes : le Concordat, les articles organiques du culte catholique et les articles organiques du culte protestant... Toutes ces pièces, tous ces actes, ou, comme Portalis les appelait avec une sorte d'embarras, toutes ces opérations (car c'est le terme dont il se sert) se présentent au corps législatif avec la quantité de vie et de force qu'elles ont. Le corps législatif les déclare exécutoires, mais il les prend telles qu'elles se présentent. Aucune des trois ne s'offre dans les mêmes conditions. Le

_____

(1) *Moniteur* du 16 mars 1865.

Concordat se présente comme un traité diplomatique, comme un acte international et ayant sa vie, sa force propre et sa virtualité. La sanction du corps législatif va rendre actif et mettre en jeu, en exercice, ce qui est simplement virtuel.

Les articles organiques du culte protestant se présentent à la sanction du corps législatif dans des conditions à peu près semblables. Il n'y avait pas eu de traité de puissance à puissance ; le cas ne le permettait pas ; et Portalis explique bien que le culte protestant n'ayant pas eu un chef unique avec qui l'on pût s'entendre, on avait essayé de s'expliquer et l'on avait provoqué des instructions.

Il y a donc eu pour les articles organiques protestants une sorte de convention, ou du moins des rapports, des explications qui ne sont pas bien définis, mais qui leur donnent le caractère d'un traité et qui en font une sorte de concordat.

Quant aux articles organiques du culte catholique, ils n'ont point été débattus. Ils se sont donc présentés à la sanction du corps législatif, non comme un traité diplomatique, ni comme une loi, mais comme un simple réglement de police, n'ayant que la quantité de vie que peut avoir un réglement de police. Ils ne se présentaient pas comme loi, car on était sous la constitution de l'an VIII. Les articles 25, 28, 34 de cette constitution déterminent le mode, la forme selon lesquels devaient être faites les lois (1).

(1) *Art.* 25. — Il ne sera promulgué de lois nouvelles

Les articles organiques ne se sont pas présentés de cette façon et n'ont pas été votés ; ils ne sont pas une loi : ils arrivent comme un simple réglement de police ».

La conclusion de Monseigneur Darboy est nette et précise et malgré la réponse qu'a essayé de lui faire M. Thuillier président de section du conseil d'Etat, il demeure certain que les articles organiques n'ont pas été soumis aux conditions exigées par l'article 25 de la Constitution.

Portalis lui-même l'avoue à plusieurs reprises. Ils ont été proposés aux grands corps de l'Etat comme un traité diplomatique, comme un véritable contrat arrêté entre la République et le Saint-Siège. Or il est bien évident que le corps législatif, dans son vote du 18 germinal, n'entendit pas autre chose, sinon rendre exécutoire ce qui avait été convenu entre les deux puissances. Il est légi-

que lorsque le projet en aura été proposé par le gouvernement, communiqué au Tribunat et décrété par le corps législatif.

Art. 28. — Le Tribunat discute les projets de loi ; il en vote l'adoption ou le rejet. Il envoie trois orateurs pris dans son sein, par lesquels les motifs du vœu qu'il a exprimé sont exposés et défendus devant le corps législatif.

Art. 34. — Le corps législatif a fait la loi en statuant par bulletin secret et sans aucune discussion de la part de ses membres, sur les projets de loi débattus devant lui par les orateurs du Tribunat et du gouvernement.

time d'affirmer que tout ce qui pourra vicier le traité et le rendre nul, viciera en même temps la loi, de sorte qu'il ne saurait y avoir de loi s'il n'y a pas de traité. L'essence du contrat qui réside dans l'accord des deux parties, accord sans lequel il ne peut y avoir d'obligation mutuelle, ne se trouve nullement dans les articles organiques. Le corps législatif ne pouvait en aucune manière par son vote leur donner le caractère qu'ils n'avaient pas.

Il ne pouvait non plus leur donner le caractère de véritable loi, puisqu'il ne les avait pas votés comme tels. « C'est là un vice radical pour les articles organiques. Ils ne sont, en réalité, ni un traité ni une loi ; nous ne pouvons y voir qu'un réglement de police qui s'est glissé furtivement, sous le manteau d'une convention mémorable dans le sanctuaire du corps législatif et qui ensuite à la faveur d'un titre coloré mais usurpé a trouvé place dans le *Bulletin des lois* (1) ».

Peut-on arguer, en faveur des articles organiques, de la prescription, comme l'a fait M. Dupin, et dire que, la loi de l'an X ayant toujours été exécutée, ce qu'il y avait d'irrégulier dans son origine a été corrigé par le temps et par une pratique fidèle et permanente. Une telle assertion est encore contestable ; car rien dans la pratique

______

(1) *Institution diocésaines*, t. II, p. 473.

n'a été soumis à une plus grande fluctuation que
que les articles organiques.

C'est à peine si sur soixante dix-sept articles,
treize ont été appliqués, à savoir les articles 7, 8,
29, 40, 54, 55, 57, 61, 62, 63, 75, 76, 77, qui
regardent le recours en conseil d'Etat, la résidence
des curés, la nomination des desservants, l'érec-
tion, le nombre et l'étendue des cures et succursales, l'établissement des fabriques, les édifices
du culte, la célébration des mariages, les registres
paroissiaux, le repos du dimanche pour les fonctionnaires publics.

Il serait intéressant, nous pourrions dire même
piquant, de faire l'histoire de leur application
depuis cent ans. On ne peut s'empêcher d'être
aimablement irrespectueux pour M. Dupin, juris-
consulte quelquefois mieux inspiré quand il déclare
avec une amusante solennité à Montalembert :
« Ces articles qu'on voudrait abolir ou réformer
ne sont pas des articles de caprice ou de fantaisie,
qu'on puisse arbitrairement effacer de notre législa-
tion. C'est le fondement de notre droit public
ecclésiastique ; ce sont nos principes de tous les
temps. L'Etat s'abdiquerait lui-même s'il pouvait
jamais y renoncer (1) ».

(1) Montalembert avait dit à la Chambre des Pairs, en
parlant de la loi de l'an X, le 16 avril 1844. « Nous ne
la reconnaissons pas comme loi ; nous en poursuivrons
la réforme et l'abrogation par tous les moyens légaux
et possibles. »

Déjà en 1807 le Conseil ecclésiastique convoqué par l'Empereur déclarait dans son rapport que de nombreux articles étaient inapplicables et que quelques-uns, notamment les articles 1, 26, 36 excitaient les plus fortes et les plus vives réclamations (1). Ce à quoi l'Empereur répondit par le décret du 28 février 1810 : « Vu le rapport qui nous a été fait sur les plaintes relatives aux lois organiques du Concordat, par le Conseil des évêques réunis d'après nos ordres dans notre bonne ville de Paris, désirant donner une preuve de notre satisfaction aux Evêques et aux Eglises de notre empire et ne rien laisser dans les dites lois organiques qui puisse être contraire au bien du clergé, nous avons décrété ce qui suit... » et l'article premier du décret permet d'exécuter sans autorisation préalable les brefs de la pénitencerie pour le for intérieur seulement ; le 2e et le 3e rapportent l'article organique 26 ; et le 5e l'article organique 36.

D'ailleurs plusieurs autres articles ont été ainsi abrogés par des décrets.

L'arrêté du 17 nivôse an XII (8 janvier 1804) abroge l'article 43 et permet à tous les évêques de France de porter le costume de leur ordre.

La loi du 23 ventôse an XII (14 mars 1804) modifie les articles 16, 19 et 23 dans la nomina-

---

(1) De Barral. *Fragments relatifs à l'histoire ecclésiastique des premières années du XIXe siècle*, p. 115.

tion des évêques et des curés et dans l'organisation des séminaires.

Le senatus-consulte du 22 fructidor (1), an XIII (9 septembre 1805) annule l'article 56.

Le décret du 1er mars 1808, qui conférait aux archevêques le titre de comte et aux évêques celui de baron, modifiait l'article 12.

Le décret du 17 juillet 1810 abrogeait les articles 73 et 74.

Un décret impérial du 25 mars 1813 modifiait encore les articles 17 et 18. Tant de décrets et d'ordonnances ont sous l'Empire, la Restauration et le gouvernement de juillet, modifié les articles organiques que M. Emile Ollivier pouvait dire à la chambre le 10 juillet 1868 : « Je tiens dans les mains les lois organiques qui sont le résumé de tout ce que nous avons cru nécessaire de conserver des franchises et libertés de l'Eglise gallicane. Croyez-vous que pour énumérer ceux de ces articles encore en vigueur, il faille procéder en écartant ceux qui sont abrogés par désuétude ? Nullement. Ce serait un travail trop long et trop fastidieux. Il suffit de rechercher quels sont les articles conservés ? Or, on en pourrait citer à peine un ou deux ; et encore ils ne sont pas exécutés tous les jours ; on ne les tire de leur néant et de leur

____

(1) L'un des articles statuait que le calendrier grégorien serait remis en usage dans tout l'empire français à compter du 11 nivose an XIV (1er janv. 1806).

obscurité que dans les occasions importantes, quand on veut se donner l'apparence de faire quelque chose en ne faisant rien. »

L'inexécution des articles fut constante et réfléchie de la part de l'Empereur d'abord et des autres gouvernements ensuite, elle le fut aussi de la part des évêques. Qu'est-ce donc qu'une loi « dont on prend, dont on laisse arbitrairement ce qu'on veut », qui meurt et qui ressuscite à la volonté d'un Homais de village ou d'un Monneron de parlement.

En résumé il nous semble qu'on peut, en droit, contester la valeur légale aux articles organiques, votés par mégarde, presque toujours inappliqués.

CHAPITRE IV

LES ARTICLES ORGANIQUES ET LA DISCIPLINE
DE L'ÉGLISE

Les articles organiques sont en opposition formelle avec les lois de l'Eglise. Ils détruisent deux de ses prérogatives essentielles ; la liberté et l'autorité.

Par le premier article du Concordat il était entendu que « la religion catholique serait librement exercée en France et que son culte serait public ». Les articles organiques admis, il n'y a plus la moindre liberté pour l'Eglise. Celle-ci n'a besoin ni de privilèges ni de faveurs — les uns et les autres sont rapidement un joug et un danger — mais elle a besoin de certaines libertés.

D'ailleurs le domaine de la religion, c'est la conscience et le droit imprescriptible de la conscience, c'est la liberté. Et si le premier Consul avait refusé à l'Eglise le libre exercice de son culte, malgré les désirs du Saint-Siège et la volonté de fer du général il n'y aurait pas eu de Concordat possible. Or voici qu'à l'encontre de l'article 1er du Concordat vient l'article premier des organiques qui est ainsi conçu :

Aucune bulle, bref, rescrit, etc. etc. ni autres expéditions de la cour de Rome, même ne concernant que les particuliers, ne pourront être reçus, publiés, imprimés, ni autrement mis à exécution sans l'autorisation du gouvernement.

Portalis n'est jamais gêné pour se tirer d'un mauvais pas.

« Le Pape, écrit-il (1), est sujet comme tous les autres hommes, aux faiblesses de l'humanité ; il peut être trompé, surpris ; il peut se tromper lui-même : l'expérience prouve qu'un homme qui est à la fois pontife et souverain peut confondre l'intérêt politique avec l'intérêt religieux et quelquefois même sacrifier l'intérêt religieux à l'intérêt politique. Il faut donc une garantie contre les erreurs, contre les procédés ambitieux ou hostiles ; cette garantie est dans la précaution que l'on a prise, dans tous les pays et dans tous les temps, de vérifier les bulles, brefs, rescripts, décrets, mandats, provisions, signatures servant de provision et autres expéditions de la cour de Rome, et de n'en permettre l'exécution qu'après une vérification faite par l'autorité compétente. De là le premier article du titre que nous examinons a

____

(1) Défense des articles organiques. *Bulletin des lois ecclésiastiques,* t. XIII, p. 145.

consacré cette précaution essentielle, fondée sur le droit des gens et sur la pratique générale de tous les peuples.

Il est incontestable que chaque Etat a le droit de veiller à ce qu'il ne soit rien apporté dans son territoire qui puisse contrarier les lois ou troubler la paix. On ne pourrait refuser ce droit au gouvernement sans lui disputer celui de se conserver et de se défendre ». Portalis appuie sa thèse sur des lettres patentes de Louis XI du 8 janvier 1475 ; sur des arrêtés du parlement de Paris des 4 octobre 1580, 18 septembre 1641, 15 mai 1647, 15 avril 1703, 1er avril 1710, 16 décembre 1716, 1er juin et 26 février 1768.

C'est toujours le même sophisme. C'est au nom de la tranquillité publique qu'on empêche le Pape de correspondre librement avec l'Eglise. Et chaque année encore un député socialiste ou radical ou même un président du Conseil fait son petit Portalis en répétant les mêmes petits arguments à la tribune française.

Et cela, malgré que tout le monde sache que les hommes de désordre, ceux qui risquent de troubler la tranquillité publique sont ailleurs qu'au vatican et dans les évêchés.

Aussi bien, l'histoire démontre que les pouvoirs civils ont toujours reçu l'autorité et la considération en échange de la liberté qu'ils avaient accordée à l'Eglise.

Nous ne sommes plus cependant au moyen âge

et il est vraiment puéril, de la part des gouvernements, de craindre les dépositions. C'est là crier
au feu en plein déluge !

Mais non seulement le Pape ne peut plus communiquer avec les évêques sans la permission du
ministre des cultes, mais les évêques ne peuvent
pas, d'après les organiques, communiquer avec
leurs prêtres et les fidèles sans l'assentiment des
préfets.

Ils ne pourront rien imprimer qu'à l'imprimerie
de la préfecture. Ils ne pourront publier leurs
mandements qu'avec l'autorisation du préfet,
devenu tout à coup docteur en théologie et en
droit canon. Et comme dans leurs mandements
les évêques peuvent accorder certaines faveurs,
des dispenses, les préfets en réclament pour leurs
administrés, sans quoi ils n'approuvent pas les
mandements. C'est ce qui arriva au préfet de l'A-
veyron en 1802. Ce préfet écrivit au ministre pour
se plaindre de l'évêque qui imposait trop de jours
de maigre à ses administrés.

L'onctueux et conciliant Portalis lui représenta
que le carême était une institution civile autant
que religieuse... et qu'on l'avait placé dans une
saison où la chasse est prohibée, à cause de la
reproduction nécessaire du gibier, et où, au
contraire, la pêche est très abondante. Et cela
sauva l'évêque en question de l'appel comme
d'abus.

L'appel d'abus !!! Voilà l'un des moyens les

plus hypocrites par lesquels on supprime la liberté de l'Eglise, moyen qui a été sinon institué du moins consolidé par les organiques.

Sans doute, il est dans les prérogatives de l'Etat, de pouvoir prendre certaines précautions contre les abus inséparables de tout ce qui passe par la main des hommes, alors même que cette main est l'instrument d'une œuvre divine.

Mais quels sont les cas d'abus établis par l'article 6 des organiques ?

L'usurpation ou excès de pouvoir. — Voilà le premier. Cette usurpation de pouvoir ne peut avoir lieu évidemment que dans les matières mixtes et non purement civiles car jamais un desservant n'aura l'idée de s'attribuer les prérogatives d'un garde-champêtre. Mais pourquoi en ces matières mixtes, l'Etat serait-il seul juge, et déciderait-il s'il y a abus.

Un autre cas d'abus est : *l'infraction des règles consacrées par les canons reçus en France.* Ceci est du plus haut comique. Voilà les membres du conseil d'Etat transformés en protecteurs, que dis-je, en professeurs de droit canon, de droit ecclésiastique ! C'est-à-dire que ces magistrats civils, qui pour beaucoup seraient incapables de réciter couramment les commandements de Dieu et de l'Eglise, sont obligés de faire appliquer les lois de l'Eglise. Espérons qu'ils réclament de Dieu par de longues prières de sérieuses grâces d'état.

Portalis ennuyé d'une telle prétention fait un peu de casuistique.

On prétend, dit-il, que sous prétexte de réprimer l'infraction des canons, le souverain pourrait s'immiscer dans l'administration des choses purement spirituelles, qui sont le patrimoine exclusif des ministres du culte.

Sans doute, le souverain aurait tort de connaître de ces matières comme magistrat politique ; mais il en a toujours connu comme protecteur, aussi l'appel comme d'abus a toujours été reçu, même pour les objets purement spirituels ; c'est ce qui résulte de l'article 34 de l'édit de 1695... Il peut donc y avoir lieu à l'appel comme d'abus, même dans les matières concernant les sacrements, lorsqu'il y a contravention aux saints canons : il faut que la contravention soit prouvée ; mais, quand elle l'est, le souverain est autorisé à la réprimer en sa qualité de *protecteur*. Cette distinction est vraiment savoureuse surtout quand le *protecteur* peut devenir un président du conseil comme Waldeck-Rousseau ou M. Emile Combes.

Les articles organiques rangent enfin parmi les motifs d'abus, toute entreprise qui, dans l'exercice du culte, pourrait troubler les consciences.

Evidemment les consciences ainsi troublées dans l'exercice du culte sont des consciences catholiques, et alors il est probable qu'elles s'adresseront à l'autorité catholique, pour trouver la paix.

Mais on ne comprend guère qu'une conscience

catholique, troublée par un abus d'autorité d'un évêque ou d'un curé, s'en aille demander le calme à Messieurs les conseillers d'Etat.

Montalembert eut un jour un vrai succès à la chambre des Pairs, en donnant aux conseillers d'Etat le titre que leur confère cet article organique.

Il nomma plusieurs anticléricaux fameux alors, en les désignant du nom de *pacificateurs des consciences catholiques* troublées par les ministres du culte.

Après tout, comme le faisait remarquer un écrivain facétieux, il y aurait peut-être moyen de tout arranger, ce serait de donner de la compétence aux conseillers d'Etat, en introduisant dans l'examen nécessaire pour arriver à cette charge, la science de la théologie et du droit canon. Et même, comme en certains cas dans l'Eglise, on pourrait peut-être les condamner à la prière et au jeûne avant de prendre leurs décisions.

Evidemment, les articles organiques ne respectaient guère la liberté de l'Eglise quand dans l'article 41 ils interdisaient l'institution de toute fête sans l'autorisation du gouvernement. Bonaparte se réservait, il est vrai, d'en instituer lui-même. Il inventa comme on le sait la *Saint-Napoléon*, plus faite, il est vrai, pour célébrer le Napoléon de la terre que celui — d'ailleurs introuvable — du Ciel.

Portalis prend décidément en main l'organisation intérieure de l'Église.

Non seulement il réglemente l'administration des diocèses, impose la résidence aux évêques, mais il légifère sur le costume, sur les fonctions ecclésiastiques, sur les publications au prône, il fixe la liturgie, il décrète même un catéchisme unique pour toutes les Églises de France et quel catéchisme !

En voici un court extrait :

Demande. Quels sont les devoirs des chrétiens à l'égard des princes qui les gouvernent et quels sont en particulier nos devoirs envers Napoléon Ier, notre empereur ?

R. Les chrétiens doivent aux princes qui les gouvernent, et nous devons en particulier à Napoléon Ier, notre empereur, l'amour, le respect, l'obéissance, la fidélité, le service militaire (1), les tributs ordonnés pour la conservation et la défense de l'empire et de son trône ; nous lui devons encore des prières ferventes, pour son salut et pour la prospérité spirituelle et temporelle de l'Etat.

D. *Pourquoi sommes-nous tenus à tous ces devoirs envers notre empereur ?*

R. C'est premièrement, parce que Dieu qui crée

(1) Comme l'a dit Châteaubriand dans ses mélanges politiques « La conscription forma un article de foi dans le catéchisme. »

les empires et les distribue selon sa volonté, en comblant notre empereur de dons soit dans la paix soit dans la guerre, l'a établi notre souverain, l'a rendu le ministre de sa puissance et son image sur la terre. Honorer et servir notre empereur est donc honorer et servir Dieu-même. Secondement parce que Notre Seigneur Jésus-Christ, tant par sa doctrine que par ses exemples, nous a enseigné lui-même ce que nous devons à notre souverain : il est né en obéissant à l'édit de César-Auguste ; il a payé l'impôt prescrit ; et de même qu'il a ordonné de rendre à Dieu ce qui appartient à Dieu, il a aussi ordonné de rendre à César ce qui appartient à César.

D. *N'y a-t-il pas des motifs particuliers qui doivent plus fortement nous attacher à Napoléon Ier notre empereur ?*

R. — Oui, car il est celui que Dieu a suscité dans les circonstances difficiles, pour rétablir le culte public de la religion de nos pères et pour en être le protecteur. Il a ramené et conservé l'ordre public par sa sagesse profonde et active ; il défend l'Etat par son bras puissant ; il est devenu l'oint du Seigneur par la consécration qu'il a reçue du Souverain Pontife, chef de l'Eglise universelle.

D. — *Que doit-on penser de ceux qui manqueraient à leur devoir envers notre empereur ?*

R. Selon l'apôtre saint Paul, ils résisteraient à l'ordre établi de Dieu même et se rendraient dignes de la damnation éternelle.

D. *Les devoirs dont nous sommes tenus envers notre empereur nous lieront-ils également envers ses successeurs légitimes dans l'ordre établi par les constitutions de l'Empire ?*

R. Oui, sans doute ; car nous lisons dans les saintes Ecritures que Dieu, Seigneur du ciel et de la terre, par une disposition de sa volonté suprême et par sa Providence, donne les empires, non seulement à une personne en particulier mais aussi à sa famille.

. . . .

On le voit, Portalis avait un réel souci du culte que tous les Français devaient rendre à leur empereur.

Quand le cardinal Caprara demanda à la cour romaine les pouvoirs nécessaires pour consacrer le nouveau catéchisme, il reçut une réponse significative du cardinal Consalvi.

« ...Si le Gouvernement voulait donner la préférence à un catéchisme ou peut-être en composer un nouveau et en *imposer d'autorité l'usage aux fidèles*, Sa Sainteté ne pourrait regarder cet acte que comme une injure faite au corps entier de l'Episcopat.

Sa Sainteté fait remarquer que le divin législateur a donné à ses apôtres seuls et aux évêques leurs successeurs *et non à d'autres*, le pouvoir d'enseigner. Il s'agit de la doctrine de la foi dont Dieu a donné le dépôt à l'épiscopat et particulièrement au chef des évêques et des maîtres chargés d'enseigner à tous les fidèles, non seulement pour ce qui regarde la substance du dogme catholique, mais encore pour ce qui regarde les mots, l'expression et la méthode ; car celui qui a reçu le pouvoir d'enseigner, a reçu également le pouvoir de choisir la méthode à suivre dans l'enseignement.

... Il n'appartient donc pas au pouvoir séculier de choisir et de prescrire aux évêques le catéchisme qu'il aura préféré ; cela appartient au jugement seul de l'Eglise. »

Il serait facile, en prenant chaque article organique en particulier, de démontrer comment ils sont en très grande majorité de réels attentats contre la discipline générale de l'Eglise ou contre la discipline particulière de l'Eglise de France. Aussi bien, les articles organiques rigoureusement appliqués rendraient toute discipline impossible car non seulement ils détruisent la liberté de l'Eglise en *interceptant* toutes les exceptions de la cour de Rome, bulles, brefs, rescrits, etc., ils entravent les synodes tant diocésains, métropolitains que nationaux, ils annihilent l'action des nonces, des légats, des vicaires apostoliques et autres délégués du saint Siège mais encore ils ruinent l'autorité même de l'Eglise en imposant tel enseignement dans les grands séminaires.

L'article 24 est ainsi conçu :

« Ceux qui seront choisis pour l'enseignement dans les séminaires souscriront la déclaration faite par le clergé de France en 1682 et publiée par un édit de la même année ; ils se soumettront à enseigner la doctrine qui y est contenue ; et les évêques adresseront une expédition en forme de cette soumission au conseiller d'Etat chargé de toutes les affaires concernant les cultes ».

Un tel article méconnait et nie la suprême autorité de l'Eglise.

Tout le monde sait l'histoire de la trop fameuse déclaration de 1682.

Sous Louis XIV à propos d'une simple question de revenus de bénéfices vacants, à propos de la régale, on imagina de poser des bornes au pouvoir du souverain Pontife.

Dans une assemblée d'évêques triés sur le volet et irrégulièrement constituée, présidée par un favori : Mgr Harlay de Champvallon (1), tenu à toutes les obéissances puisqu'il avait reçu toutes les faveurs, on décréta en quatre articles :

1° L'indépendance absolue des rois et souverains ;

2° La supériorité du Concile sur le Pape ;

3° La faillibilité du Pontife romain ;

5° L'obéissance due par le Pape aux canons de l'Eglise.

---

(1) M. Sainte Beuve dit de cet évêque de Cour : « Le catholique et le chrétien cédèrent le pas au sujet ; Dieu et le Pape ne vinrent qu'à la suite. Le roi avant tout, ce fut sa devise ». Nouveaux lundis t. V.

Cette doctrine surabondamment hérétique a été condamnée par les papes Innocent XI dès le 11 avril 1682, Alexandre VIII, Clément XI et Pie VI.

Constamment flétrie par la voix de l'Eglise, elle souleva l'indignation de l'univers catholique.

Le Pape Pie VI dans sa bulle *Auctorem fidei* condamna comme *téméraire, scandaleuse* et *souverainement injurieuse au Saint Siège* l'adoption que le synode de Pistoie avait faite de la déclaration de 1682 dans le décret de *la Foi*.

La cause cette fois est si mauvaise que Portalis la défend à peine. Il prétend seulement qu'il a d'excellentes raisons à faire valoir et s'empresse de n'en donner aucune.

Son unique point d'appui est que : « cette déclaration a été rédigée et défendue par le célèbre Bossuet ».

Outre que c'est insuffisant, il n'est pas bien sûr qu'une affirmation aussi nette soit complètement vraie.

D'ailleurs Portalis ne pouvait pas ignorer que Louis XIV lui-même avait positivement abrogé son édit.

Le 14 septembre 1693, le roi écrivait au Pape Innocent XII : « Je suis bien aise de faire savoir à Votre Sainteté que j'ai donné les ordres nécessaires pour que les choses contenues dans mon édit du 22 mars 1682 touchant la déclaration faite par le clergé de France, à quoi les conjonctures.

d'alors m'avaient obligé, ne soient pas observées. »

Le même jour, le roi faisait écrire au Pape la lettre suivante par tous les évêques nommés qui avaient assisté comme députés à l'assemblée de 1682 : « Prosternés aux pieds de Votre Sainteté, nous venons lui exprimer l'amère douleur dont nous sommes pénétrés dans le fond de nos cœurs, et plus qu'il ne nous est possible de l'exprimer, à raison des choses qui se sont passées dans l'assemblée (de 1682) et qui ont souverainement déplu à Votre Sainteté. En conséquence, si quelques points ont pu être considérés comme décrétés dans cette assemblée sur la puissance ecclésiastique et sur l'autorité pontificale, nous les tenons pour non décrétés et nous déclarons qu'ils doivent être regardés comme tels (1) ».

On raconte que Napoléon retrouvant un jour la minute de Louis XIV abrogeant son édit la jeta au feu en disant : « Au moins, ces cendres ne me gêneront pas ».

CONCLUSION

Il est certain que les « articles organiques » ne peuvent à aucun titre se réclamer du Concordat.

(1) Fleury. *Nouveaux opuscules,* p. 257.

Le pape n'a eu, ni durant les négociations du traité, ni après sa ratification, la moindre part à leur rédaction. Il ne les a jamais acceptés et a, en de nombreuses circonstances, demandé avec énergie leur abrogation.

Les articles organiques ne sont ni une loi de l'Eglise, ni vraiment une loi de l'Etat, puisqu'ils n'ont pas été votés légalement.

Ils sont un simple décret de police, qui enlève à l'Eglise ses deux plus nécessaires, ses deux plus essentielles prérogatives, l'autorité et la liberté. La conduite de l'Eglise en face des articles organiques a toujours été la même : Elle les a toujours dénoncés.

La conduite de l'Etat n'a cessé de varier. Suivant les circonstances et les besoins, les gouvernements ont repris des articles abrogés par leurs prédécesseurs, ou tombés depuis longtemps en désuétude. Ils en ont fait des armes offensives, d'autant plus dangereuses qu'elles sont plus inconnues. Bien des fois déjà l'épiscopat français a demandé la revision des articles organiques, Mgr Affre, Mgr Darboy, Mgr Freppel, mais en vain.

Le jour où un gouvernement prétendrait appliquer intégralement les articles organiques, c'en serait fait de l'Eglise de France.

Avec eux, en effet, où est l'autorité que le Pape a reçue de Jésus-Christ pour régir l'Eglise de France comme le reste de l'Eglise catholique? où est la liberté nécessaire aux évêques pour remplir, selon l'esprit de l'Evangile, leur ministère de vie et de salut ?

Les principes qui ont dicté les articles organiques, les conséquences qu'on peut en tirer, détruisent l'indépendance de l'Eglise et donnent à l'Etat une sorte de suprématie spirituelle inacceptable.

De tels principes sont subversifs.

A l'heure présente, pendant que se forgent de nouvelles chaînes pour l'Eglise, il serait peut-être au moins inutile de demander l'abrogation des organiques.

Pourtant il est nécessaire de proclamer toujours leur nullité en droit et leur malfaisance en doctrine, et d'autant que c'est vraisemblablement dans ce vieil arsenal que de nouveaux Portalis — qui nous feront regretter le premier — s'en iront chercher des armes et peut-être aussi des excuses.

Quoi qu'il en soit, si nous exceptons la violence, qui est moins terrible parce que passagère, il sera impossible aux persécuteurs les plus avisés de faire une loi de police plus dangereuse, plus subsersive, plus néfaste à l'Eglise et partant à l'Etat.

TABLE DES MATIÈRES

Saint-Amand (Cher). — Imprimerie Bussière.

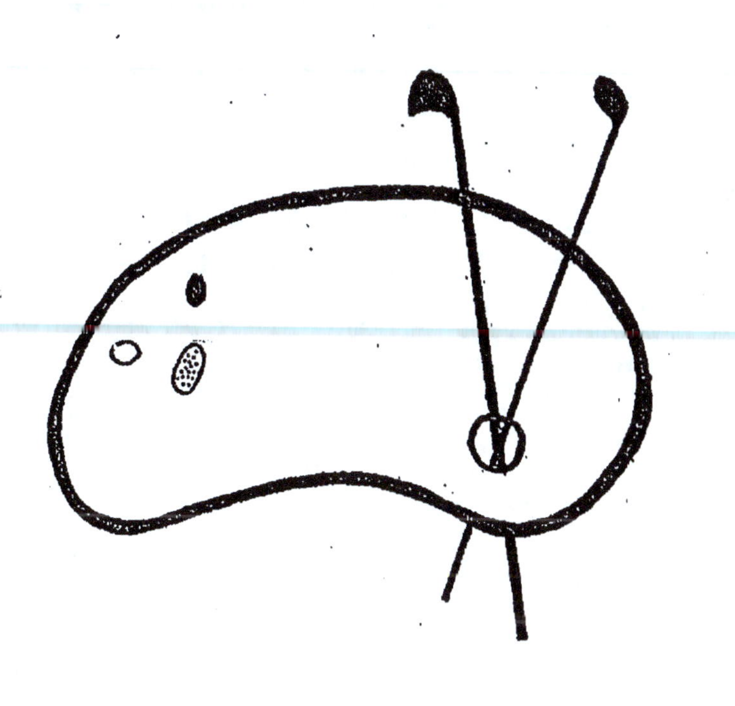

ORIGINAL EN COULEUR
NF Z 43-120-8

SCIENCE ET RELIGION

Études pour le temps présent. — Prix 0 fr. 60 le vol.